LE BILAN

DE

NOS DÉPUTÉS

Prix : 10 Centimes

PARIS
SOCIÉTÉ ANONYME DE PUBLICATIONS PÉRIODIQUES
13-15, QUAI VOLTAIRE, 13-15

1885

LE BILAN

DE

NOS DÉPUTÉS

PARIS
SOCIÉTÉ ANONYME DE PUBLICATIONS PÉRIODIQUES
13-15, QUAI VOLTAIRE, 13-15

1885

LE BILAN

DE NOS DÉPUTÉS

La législature est close, la Chambre est partie. D'où venait cette Chambre? Que représentaient ses membres? Comment a-t-elle gouverné? Quelle besogne utile ou néfaste a-t-elle accomplie? Voilà sérieusement ce qu'il importe de se demander, alors que les députés vont se représenter devant les électeurs et que ceux-ci auront, soit à renouveler leur mandat, soit à les remplacer.

Nous avons essayé de répondre brièvement à ces questions importantes, en dressant le *bilan politique de nos députés*.

I

Comment la Chambre était composée. Les sous-vétérinaires.

La Chambre élue au mois d'août 1881 représentait, dit-on, la grande majorité républicaine des électeurs francais, majorité qui s'était déjà affirmée avec éclat lors de la nomination des 363, quatre ans auparavant, et qui n'avait fait depuis lors que se fortifier.

Il convient d'abord de faire remarquer qu'il y a dans cette affirmation une erreur volontaire. La majorité de la Chambre a été bien loin d'être élue par la majorité des électeurs : c'est la majorité — souvent relative — des votants, qui l'avait nommée, et cette majorité, tous calculs faits, n'était pas de beaucoup supérieure *au quart* des électeurs inscrits.

Mais, en outre, la Chambre représentait-elle réellement ce quart des électeurs? Ceux-ci avaient-ils choisi, nommé, librement et en connaissance de cause, leurs députés? S'il fallait répondre affirmativement, ce serait triste, car jamais électeurs n'ont été plus piteusement représentés.

Depuis que le régime parlementaire existe en France, on n'a certainement pas vu dans les Chambres une réunion d'hommes plus médiocres, plus ignorants, plus incapables. Gambetta, qui les connaissait bien, et qui jugeait lui-même impossible de gouverner avec eux, les appelait dédaigneusement des *sous-vétérinaires*, et les talents étaient si rares parmi eux, les capacités si restreintes, que, lorsqu'après beaucoup d'hésitations et de recherches, le *grand ministère* fut constitué, on ne put s'empêcher de rire en voyant ce que le chef du gouvernement avait trouvé de mieux dans cette Chambre. Il n'y avait pas, sur cinq cent cinquante membres, dix orateurs, non pas brillants, mais supportables; quand on discutait une question un peu sérieuse, personne ne pouvait affirmer qu'elle était comprise d'un auditeur sur cinq, et il y a certainemeut des députés qui ne savent pas pourquoi ni comment ils ont voté toutes les fois qu'ils l'ont fait.

Aussi, quand un étranger venait à Paris, il était singulièrement surpris et remportait une triste idée de notre pays après avoir vu, dans une séance de la Chambre, les représentants de la France se faire remarquer seulement par leur mauvaise tenue, leur débraillé, leurs interruptions grossières ou leur somnolence imbécile.

A quoi tenait cette médiocrité? Gambetta l'attribuait au scrutin d'arrondissement, qui envoyait au Palais-Bourbon des représentants, non pas des grandes idées, mais des petits intérêts locaux, de clocher. Ce n'est pas tout à fait exact, et Gambetta savait bien d'où venait le mal, mais il ne voulait pas le dire. Le mal vient de ce que les députés, au lieu d'être, comme il semble, les élus des électeurs, sont les représentants des comités électoraux, et de certains comités électoraux dont il faut connaître la composition et le fonctionnement pour que, s'il est possible, ils n'imposent plus leur influence néfaste au pays trop confiant.

*
* *

Dans chaque chef-lieu d'arrondissement de France, il y a un certain nombre de politiciens. Les politiciens sont des hommes qui n'ont pas de position et qui cherchent à s'en faire une : fainéants et oisifs, incapables de s'occuper d'affaires sérieuses du commerce ou de l'industrie, ils aiment à se réunir dans un cercle ou dans un café pour faire quelques parties de billard, vider de nombreux bocks, lire les journaux et discuter les affaires du pays. Ils forment une corporation qui déteste et envie les gens riches et laborieux, cherche à se donner de l'influence et prétend tout diriger. Ils s'associent les uns aux autres, se soutiennent sans s'aimer, s'organisent soit en loges maçonniques, soit en sociétés diverses, et espèrent tirer des événements politiques chacun une situation lucrative qui augmente leur fortune, ou honorifique qui satisfasse leur amour-propre et leur permette d'assouvir des haines personnelles.

Pour cela, il faut d'abord que l'un d'entre eux, tous ne pouvant l'être à la fois, soit député, participe à la puissance publique et s'en serve au profit des autres. On choisit un peu au hasard, souvent le plus remuant et le plus bavard, car il faut agir sur les masses, souvent aussi le plus bête, car il faut qu'il soit soumis et docile. Un candidat ainsi trouvé, on se constitue en comité pour soutenir sa candidature, on lui fait son programme, on lui trouve parmi les amis des agents électoraux qui s'en vont, dans les bourgs et villages, intéresser les cabaretiers et les gens besoigneux par des espoirs, des promesses de gain et même un peu d'argent comptant, — car c'est un placement qu'on fait, — au succès de la candidature lancée.

Grâce à cette organisation, à de belles déclarations, à de savantes manœuvres, les électeurs sont trompés; ils votent pour le candidat qu'ils croient le meilleur des meilleurs. Ils croient avoir élu un député qui s'occupera de leurs intérêts. Ils ont travaillé pour le comité électoral, pour les buveurs de bocks du chef-lieu d'arrondissement.

Et le tour est joué.

Ce sont des députés nommés de cette façon, qui ont formé la majorité de la Chambre des députés, cette majorité médiocre, stupide. Et c'est cette majorité qui a gouverné depuis quatre ans. Elle était maîtresse absolue, comprenant plus de 450 députés sur 550; elle a pu annihiler les opposants conservateurs, les éliminer de toutes les commissions, les écarter de toute influence; ceux-ci n'ont pas compté, n'ayant rien pu faire que des protestations; ils ne sont responsables de rien, on ne peut même pas leur demander d'explications. Mais les autres, qui ont eu tout le pouvoir, ont eu aussi toute la responsabilité. Il faut qu'ils disent ce qu'ils ont fait de leur puissance, de leur influence, de l'autorité qui ne leur était confiée que pour en user dans l'intérêt du pays.

Et comme ils ne le diraient peut-être pas complètement et franchement aux électeurs, nous allons, nous, le rechercher et le faire savoir.

Car les électeurs vont juger ceux qui paraîtront devant eux; le jugement qu'ils prononceront aura les conséquences les plus importantes; il faut qu'il soit rendu en toute connaissance de cause.

II

Comment ils ont gouverné. — La curée des places et des traitements.

Nous avons vu que la majorité des députés républicains avait été nommée non par les électeurs, mais par les comités électoraux. Ainsi les membres de la Chambre étaient les membres et les représentants au pouvoir d'une association d'intérêts et d'un syndicat d'ambitions; et il en résultait que chacun s'efforçait uniquement de faire ses affaires et celles de ses associés.

A cette tâche, nos députés ont travaillé non pas proprement et habilement, mais activement.

Pour eux d'abord.

Ils ont cherché les quelques postes à gros traitements et se sont fait nommer, qui administrateurs des banques d'État ou des compagnies de chemin de fer, qui conseiller à la Cour de cassation ou à la Cour des comptes, qui ambassadeur, président de tribunal, etc., etc. Si la fonction était compatible avec leur mandat, ils ont cumulé; sinon ils ont démissionné, aimant mieux la certitude du fonctionnaire que les chances à courir du candidat.

Ils ont fait donner des places à leurs fils, à leurs gendres, à leurs neveux, à leurs oncles et à leurs cousins; ils y en a qui ont casé jusqu'à dix ou douze parents dans les diverses administrations publiques.

Il y a mieux encore, pour les moins scrupuleux. Un député était recherché, ces années dernières, par les cercles louches, par les conseils d'administration de sociétés véreuses, par les entreprises borgnes; on lui payait volontiers, en gros traitements ou en forts jetons de présence, ou en larges participations, son nom et son influeuce. Il y en a, et beaucoup, qui ont trouvé le commerce bon, et nous avons vu les scandales dévoilés, un beau jour, de tous les pots-de-vin et de toutes les compromissions allant même jusqu'à l'escroquerie. Les représentants du pays se sont assis sur les bancs de la police correctionnelle, ils ont été condamnés comme de vulgaires filous : vous connaissez Savary et Marius Poulet, et Brutus Bouchet, et Jean David.

Sans parler de ceux, et ils sont connus, qui ont mis dans leurs poches l'argent de souscriptions, qui ont été exécutés à la Bourse, qui ont été pris en flagrant délit de fraude vis-à-vis des Compagnies de chemins de fer.

Sans parler de ceux qui ont protégé des employés malversateurs et faussaires!

Sans parler de ceux qui ont trempé dans des syndicats de rachats de chemins de fer!

Sans parler de ceux qui ont obtenu des participations dans les syndicats de la Tunisie et du Tonkin!

* * *

Et après s'être servis eux-mêmes, ils ont servi leurs amis, les politiciens d'arrondissement, les meneurs des campagnes électorales, les agents de propagande.

La majorité a mis la main sur toutes les administrations et elle les a épurées. C'est-à-dire qu'elle a jeté à la porte, sur des dénonciations ou suivant ses fantaisies, les fonctionnaires de tous ordres qui faisaient bien leur service, pour donner des places à ses amis. Elle a ainsi payé ses dettes, acquitté ses engagements. Les bons frères et amis besoigneux et avides ont été nommés préfets, sous-préfets, receveurs généraux ou particuliers, percepteurs, procureurs de la République, juges, substituts, etc., etc.

Les freres et amis eux-mêmes ayant des parents et des protégés, il a fallu leur donner quelque chose. On a fait monnaie de tout. On a prodigué les bureaux de tabac, les places de cantonnier, de facteur, de garde champêtre.

Et comme chacun se précipitait à la curée, il est arrivé un moment où les places existantes ne suffisaient plus; on en a créé de nouvelles; on a augmenté les traitements, on a nommé dans les ministères des chefs de bureau en plus grand nombre que les employés; on a institué des inspecteurs et des contrôleurs à des services qui n'existent pas; on a imaginé des fonctions et des titres pour justifier des traitements.

Et cela ne suffisait pas encore.

Les députés, harcelés des sollicitations pressantes de leurs amis, harcelaient à leur tour les ministres. Jamais on n'a vu telle fièvre de supplications; tels appétits d'argent, telles ambitions de places et de faveurs.

Alors on a inventé encore quelque chose de nouveau : les pensions aux victimes du Deux-Décembre, c'est-à-dire des rentes que l'on donne chaque année à des gens dont la plupart n'ont été victimes de rien du tout.

On a fait enfin un véritable trafic des décorations. Le président de la République décore ses fournisseurs ; le ministre des finances, ses banquiers ; le ministre de l'intérieur, les bailleurs de fonds des journaux officieux ; les députés font décorer leurs agents électoraux les plus actifs.

Tout étant ainsi au gaspillage et au trafic, comment s'étonner qu'il ait pu se fonder une agence pour vendre et acheter les décorations et les fonctions publiques !

*
* *

Quel est le résultat de ce système?

Il est multiple.

Les administrations ont été désorganisées. Les meilleurs employés sont partis, la hiérarchie a été troublée, les services sont mal faits. Tous les bons agents électoraux et tous les bons amis des comités ne sont pas intelligents ; il y a donc une quantité d'incapables auxquels on a donné des fonctions au-dessus de leurs forces, et souvent à côté du fonctionnaire qu'on a créé et qu'on paye, il faut en placer et en payer un autre qui fasse sa besogne.

Et encore passe, quand il n'y a que de l'incurie et du désordre ; mais il y a aussi les malversations et les vols. Tous les nouveaux fonctionnaires ne sont pas non plus honnêtes, et il faudrait prendre garde quand on confie à quelques-uns le maniement des deniers publics. Au contraire, certains députés ont fait nommer à de hauts emplois des voleurs, et jamais on n'a tant vu, que depuis quelques années, de détournements et de déficits dans les trésoreries générales, les recettes particulières, les perceptions et les caisses d'épargne.

Autre résultat enfin et non moins grave que le désordre et la déconsidération dans les administrations, c'est l'augmentation scandaleuse des dépenses publiques.

Depuis sept ans, les dépenses pour les fonctionnaires des ministères ont angmenté de deux cents millions; il y a aussi cent millions pour les emplois nouveaux créés, et beaucoup d'argent pour les pensions, encore beaucoup d'argent par les malversations.

Pour tout cela le Trésor supporte une dépense de quatre à cinq cents millions par an. Quatre à cinq cents millions par an! Voilà ce que coûte au pays d'avoir laissé se constituer, par les comités électoraux, le syndicat républicain qui l'exploite. Ce sont les contribuables qui payent, à ce prix-là, les dettes des députés et qui subventionnent les courtiers d'élections.

Tous ceux qui participent à ces aubaines trouvent que le régime est bon et souhaitent qu'il dure.

Mais les électeurs, mais les contribuables qui payent, qui voient les scandales se multiplier en même temps que les dépenses augmenter, trouvent-ils aussi que tout est pour le mieux?

III

Comment ils ont gouverné. — Leurs programmes. La Religion.

Nous avons montré comment nos députés s'étaient occupés à la Chambre de leurs propres affaires et de celles de leurs amis. Il nous faut chercher maintenant comment ils se sont occupés des affaires de la France qui leur étaient confiées, ce qu'ils ont fait pour le pays.

Vous vous rappelez leurs programmes, leur professions de foi? On a eu l'idée de les rassembler en un volume, qui est bien intéressant, mais bien gênant pour quelques-uns. En le relisant nous pouvons dire que nos députés nous avaient absolument tout promis. Non seulement la République gouvernée par eux devait être le règne de la liberté, de l'égalité et de la fraternité, mais le régime de la paix, de l'ordre, de l'économie. Ils annonçaient le gouvernement à bon marché, la diminution des impôts, la réduction des dépenses et les travaux utiles, le développement de l'agriculture et de l'industrie, le bien-être des ouvriers, la prospérité et le bonheur pour tous.

Recherchons successivement comment ils ont réalisé ces diverses promesses et voyons d'abord ce qui a été fait au point de vue de la liberté et de la paix, sur le terrain de la religion.

* * *

Tous les gouvernements du monde civilisé sont arrivés à considérer comme une chose essentielle et ormale de respecter les croyances religieuses et de laisser à tous la liberté de les professer. Tous les hommes d'Etat sérieux ont dû se convaincre qu'il était mauvais pour un pays de troubler les consciences, de susciter des querelles religieuses. Il y a tout à y perdre au point de vue des intérêts politiques.

M. Thiers avait cette opinion, et tant qu'il fut à la tête du parti républicain en France, il déclara qu'il fallait laisser de côté les questions religieuses. Gambetta eut un autre système : il voulut soulever les questions religieuses pour faire oublier les questions sociales. Ce fut Gambetta et non Thiers que la majorité républicaine suivit; et s'il a été sincère, elle l'a beaucoup dépassé.

En effet, d'après les déclarations de Gambetta, quelques personnes ont pu croire qu'on n'en voulait pas à la religion. Sous le nom de cléricalisme, disait-on, on poursuivait l'esprit de domination de quelques membres du clergé, les idées dangereuses de certains laïques qui voulaient établir l'influence prépondérante du prêtre sur les affaires politiques.

Mais on vit bientôt que c'était la religion elle-même qui était attaquée, visée et il doit apparaître aujourd'hui clairement que la majorité de la Chambre des députés a voulu détruire les idées et les sentiments religieux, et qu'en agissant ainsi elle a jeté le trouble dans les esprits, violé la liberté de conscience et manqué aux engagements solennels qui ont été contractés par la France.

A ce dernier point de vue, non seulement toutes nos Constitutions, depuis un siècle, proclament la liberté de conscience et la liberté des cultes, mais il existe un traité qui a été signé entre le Gouvernement français et le Pape, représentant des catholiques, le Concordat. Ce traité règle les rapports de l'État et de l'Église catholique en France; il stipule des conditions en faveur et à la charge des deux parties contractantes, il les lie toutes deux. L'État ne peut pas plus se soustraire à son exécution que l'Église. Il est aussi solennel, aussi étroit pour l'État que le contrat que celui-ci passe avec les gens qui lui prêtent de l'argent lorsqu'il fait un emprunt. Si l'État viole ce contrat d'emprunt et déclare qu'il ne payera plus ce qu'il doit, il fait banqueroute. S'il viole un contrat comme le Concordat et déclare qu'il ne l'exécutera plus, il fait de même banqueroute.

Or, le Concordat porte que le culte catholique sera librement pratiqué en France, qu'on lui assurera les édifices nécessaires, qu'on facilitera le recrutement du clergé et qu'on donnera à ses membres un traitement convenable.

Qu'a-t-on fait depuis quelques années?

Le Concordat, pour ne parler que de ce qui le touche, a-t-il été exécuté? Voyons si la liberté du culte catholique a été respectée, si elle est assurée pour le présent et pour l'avenir?

On a d'abord supprimé les ministres des cultes pour les armées, ce qui met les soldats dans la presque impossibilité de pratiquer leur religion et d'en avoir les secours, même en temps de guerre. On a supprimé plus tard les aumôniers des hôpitaux, pour atteindre et blesser la conscience et la liberté des malades tout comme celles des soldats.

C'est ensuite à toute la population de la France et spécialement à celle des campagnes qu'on a voulu s'attaquer en détruisant le clergé paroissial par des vexations et des entraves à son recrutement. On a réduit et supprimé les traitements non seulement aux évêques et aux chanoines, mais aux pauvres curés de villages, ce qui a privé certains pays de l'exercice du culte, ce qui doit détourner les jeunes gens de la carrière ecclésiastique et qui est la violation absolue du Concordat, par lequel on a promis de payer les ministres du culte.

Pour empêcher encore plus le recrutement du clergé et pour arriver à détruire la religion, on a supprimé les bourses des séminaires qui aidaient les jeunes gens pauvres à devenir des prêtres et on a fermé les écoles de théologie, dans lesquelles ils devaient compléter leurs études.

Bien plus, enfin, on a voté la loi qui astreint les séminaristes au service militaire, non pas d'un an, mais de trois ans, ce qui ne s'est jamais fait dans aucun pays, ce qui n'est point utile ; et tout le monde sait que c'est le moyen le plus sûr de détruire les vocations religieuses, d'arriver à ce qu'il n'y ait plu de prêtres ou à ce qu'il n'y ait plus que de mauvais prêtres.

Nous demandons simplement si, en faisant tout cela, on a respecté les engagements pris et tenus depuis un siècle par la France vis-à-vis de la religion, si on a assuré la concorde et la paix, si l'on n'a pas blessé les consciences, troublé les esprits, violé la liberté !

Est-ce que sérieusement les électeurs voulaient et veulent ces vexations religieuses, ridicules et illégales ? Est-ce qu'ils ne désirent pas tout simplement que la liberté soit assurée à tous d'aller ou de ne pas aller à la messe ? Est-ce qu'ils ne veulent pas que ceux qui ont une religion, une croyance, puissent la pratiquer, aient des ministres pour en célébrer les cérémonies et puissent auprès d'eux trouver continuellement les secours dont ils ont besoin?

Poser ces questions, c'est les résoudre.

IV

Comment ils ont gouverné. — Les finances. Le budget et le déficit.

Nous payons aujourd'hui, rien qu'à l'État, sans compter les communes ni les départements, trois milliards par an, c'est-à-dire en moyenne de 84 francs par tête, ce qui est beaucoup plus que dans aucun pays du monde.

Il y a quinze ans, nous payions seulement un milliard sept cent soixante-quinze millions, soit un milliard deux cent ving-cinq millions DE MOINS, et chaque citoyen n'avait en moyenne à supporter, pour sa part, que 48 francs, presque moitié moins.

Nous savons bien cela, dit la majorité républicaine, mais cette écrasante augmentation d'impôts est due à la guerre de 1870 et à ses conséquences.

Voyons ce qu'il en est.

Il est vrai que la France a eu à supporter les charges terribles d'une guerre malheureuse, à payer à ses vainqueurs une indemnité énorme qui eût épuisé toute autre nation, à réparer des ruines et des désastres, à refaire son armée, son matériel de guerre, ses fortifications, à reconstituer son commerce et son industrie. Mais la France est une riche et énergique nation; elle a su faire tout cela, et en peu de temps, elle s'était relevée.

En 1877, tout était payé, aucune dépense résultant de la guerre n'était plus à faire. Pour tout liquider, on avait dû se résigner à une augmentation de dépense annuelle de sept cents millions, ce qui avait nécessité l'établissement d'impôts nouveaux pour le même chiffre et portait notre budget à deux milliards cinq cents millions. Mais comme, à ce moment, la prospérité était revenue, comme la richesse de la France augmentait, les impôts qu'on avait établis rendirent plus qu'on n'avait prévu. Les recettes purent arriver ainsi successivement, sans impôts nouveaux, à deux milliards neuf cents millions, si bien qu'elles devraient excéder de quatre cents millions les dépenses.

Ce fut ce qui arriva en 1876, 1877 et 1878 ; pendant ces années, on put faire des travaux utiles et on eut encore un excédent de recettes de deux cent cinquante millions, qui devait permettre de diminuer d'autant les impôts.

Si donc la majorité républicaine qui a commencé à administrer nos finances en 1878 n'avait fait que continuer la liquidation des dépenses de la guerre, si elle n'avait pas fait de dépenses nouvelles, les impôts devraient avoir été diminués de quatre cents millions et leur produit annuel être encore de deux milliards cinq cents millions.

Au lieu de cela, notre budget est arrivé à atteindre trois milliards.

Et ces trois milliards, non seulement la majorité républicaine les dépense, non seulement elle dépense chaque année, depuis 1876, cinq cents millions de plus qu'on ne dépensait pour subvenir à toutes les charges de la guerre, mais depuis 1879, trois milliards par an ne lui suffisent pas et elle a fait des dettes, dans des proportions qu'il faut connaître.

*
* *

La majorité républicaine a deux budgets. L'un ordinaire, qui comprend toutes les dépenses normales annuelles, afférentes à des services réguliers et continuels, telles que les dépenses des ministères, par exemple. C'est à payer les dépenses de ce budget ordinaire que sont affectées les recettes ordinaires des impôts, c'est-à-dire trois milliards par an.

L'autre budget, le budget extraordinaire, comprend les dépenses qui ne sont faites qu'extraordinairement, exceptionnellement, telles que des travaux publics nécessaires, des dépenses de guerre, et c'est alors par des emprunts qu'on pourvoit à ces dépenses. Mais on voit de reste que de telles dépenses ne doivent être faites qu'avec une extrême prudence, en cas de nécessité absolue, ou dans une période de prospérité telle que le pays puisse facilement les supporter.

Eh bien, ceci dit, d'abord la majorité républicaine depuis 1879 n'a pas pu suffire à ses dépenses ordinaires avec trois milliards par an, elle ne s'est pas contentée de dépenser cinq cents millions de plus qu'on ne dépensait en 1876 : elle a dépensé beaucoup plus encore; elle a dépensé par conséquent plus qu'elle n'avait, et chaque année elle a eu un déficit.

Le déficit a été, de 1879 à 1884, de cinq cent quarante millions; il sera, pour 1885, de quatre cent quarante-cinq millions. C'est donc pour huit ans un déficit, une dette, contractée par le pays sous la direction de la majorité républicaine, de neuf cent quatre-vingt-cinq millions, ceci à l'occasion seulement des dépenses ordinaires, ne l'oublions pas.

Passons au budget extraordinaire.

De 1879 à 1885, on a dépensé pour ce budget trois milliards cinq cent soixante-seize millions.

Quant au budget de 1886, qui est voté, il comprend plus de six cents millions de dépenses qu'il n'y a rien pour payer ; c'est donc un nouveau déficit certain de six cents millions.

Et il se trouvera ainsi que l'année prochaine, on aura dépensé, sous le gouvernement de la majorité républicaine, cinq milliards cent soixante et un millions de plus qu'on n'avait.

N'est-ce pas là un déficit effrayant?

Nous savons bien que les députés, que le Gouvernement le cachent, que lorsqu'ils font une dépense et n'ont pas de quoi la payer, ils ouvrent un compte spécial, créent une caisse dans laquelle ils ne mettent rien et n'inscrivent pas la dépense au budget. Mais elle n'en existe pas moins et il faut la payer.

Nous n'inventons pas cela : des financiers et des républicains, M. Léon Say, M. Ribot, M. Germain, l'ont dit avant nous.

Pour payer ces cinq milliards cent soixante et un millions de déficit, on a trouvé quelques ressources. Trois milliards cent soixante-six millions ont été fournis par des emprunts; mais les emprunts se payent; ils augmentent les charges du budget. Et il reste, il restera dans un an deux milliards qui sont pour le moment empruntés d'une façon provisoire aux caisses d'épargne et à diverses caisses, qui constituent la dette flottante, mais qui ne peuvent rester ainsi, car l'argent des caisses d'épargne, par exemple, peut être réclamé d'un moment à l'autre. Il faudra donc emprunter, — après les élections, — deux milliards.

Et comme on ne peut pas s'endetter toujours, il faudra régulariser les dépenses, et même si on les réduit, ce qui nous étonnerait, il restera toujours qu'elles dépasseront les recettes annuelles et que, par conséquent, après les élections, il faudra augmenter les impôts de deux ou trois cents millions par an, au lieu de les diminuer.

Quoi qu'il arrive, il est établi que non seulement la majorité républicaine a employé chaque année depuis 1878 cinq cents millions de plus par an, mais qu'elle est arrivée à s'endetter, à endetter la France de six cents millions par an ; ce qui fait qu'elle est cause, et non la guerre de 1870 au tout autre événement anormal, d'une augmentation de dépenses de onze cents millions par an et d'une aggravation de la dette publique de plus de cinq milliards.

Il reste à savoir d'où proviennent les dépenses et si elles ont été réellement utiles au pays qui doit les payer.

V

Les causes des dépenses.

Les dépenses excessives faites par la majorité républicaine sont dues à quatre causes :

1° L'augmentation des frais généraux des ministères et des divers services publics;

2° Les réformes de l'enseignement;

3° Les travaux publics;

4° Les guerres coloniales.

Nous avons déjà parlé de la première de ces causes, qui est, en réalité, l'augmentation des places et des traitements. C'est le gaspillage de l'argent du budget par les députés de la majorité au profit de leurs familles, de leurs amis et de leurs agents électoraux.

Il faut nous arrêter un peu plus longuement aux trois autres.

*
* *

Les réformes de l'enseignement aux divers degrés sont, au dire de plusieurs, la grande œuvre de la République. Il ne nous convient de les apprécier, pour le moment, ni au point de vue moral, ni au point de vue social, ni au point de vue politique. Disons seulement que si la République s'est préoccupée du développement de l'instruction, et surtout de l'instruction primaire, les gouvernements qui l'ont précédée s'en sont préoccupés tout comme elle, que dans tous les partis, actuellement, tout le monde veut encore travailler à ce développement. Ce qu'il s'agit de savoir, c'est si les réformes faites par la majorité républicaine ont été pratiquement faites et prudemment au point de vue financier.

Les dépenses générales du ministère de l'instruction publique ont augmenté de plus de cent millions depuis huit ans. Est-ce que cela représente un développement proportionnel de l'instruction? Voyons-le par un exemple. En 1875, il y avait, dans les écoles primaires 4.716.935 enfants; il y en a aujourd'hui 600.000 de plus. La dépense de 1875 était de 18 millions, soit 4 fr. 85 par enfant; elle est aujourd'hui de 103 millions, c'est-à-dire 25 fr. 75 par enfant. Et de même que les dépenses ne correspondent pas au développement de l'instruction, elles ne correspondent pas à l'amélioration réelle du sort des instituteurs, qui réclament encore vainement à raison de leur traitement insuffisant.

A quoi donc correspond la dépense ? A la création ou à l'augmentation des traitements pour les hauts fonctionnaires et les employés du ministère de l'instruction publique. Cela suffit-il pour dire que cette dépense a été utilement et prudemment faite?

Et ce n'est pas tout encore. On a dépensé, au compte du budget extraordinaire, au compte de la caisse des écoles, ces sommes énormes qu'on n'avoue pas, mais qui sont déjà de plus de 500 millions et qui, si on poursuit les projets commencés, atteindront et dépasseront un milliard. Cela, pourquoi? Pour la construction de maisons d'écoles et collèges. Et nous ne comptons que ce qui a été dépensé par l'État, mais les contribuables savent bien que les départements et les communes dépensent aussi, que l'État les force à construire des écoles quand même il en existe qui leur paraissent suffisantes et à les payer par des emprunts très chers, et, en fin de compte, par des centimes additionnels qui écrasent les contribuables.

Si on a dépensé ainsi plus de cinq cents millions pour l'Etat, en l'endettant, et autant pour les communes et les départements, en les endettant de même, n'avons-nous pas le droit de dire que c'est trop? Ne pouvons-nous pas affirmer que des administrateurs prudents auraient dû attendre d'avoir de l'argent disponible pour faire d'aussi grosses dépenses, qu'ils devaient commencer par améliorer la situation des instituteurs, et remettre à plus tard, quand les communes, les départements et les contribuables seraient trop riches, de faire construire des bâtiments scolaires somptueux, mais ruineux?

La manie de construire a du reste entraîné bien plus loin nos gouvernants : elle leur a fait adopter le plan célèbre de M. de Freycinet pour les travaux publics, qui est la troisième cause de notre mauvaise situation financière.

*
* *

M. de Freycinet avait fait un plan qui devait entraîner la France à dépenser dix milliards. Heureusement, on n'a exécuté ce plan qu'en partie et on n'a encore dépensé que trois milliards.

Mais ce sont trois milliards perdus, car on n'a fait les travaux que dans des intérêts électoraux et presque aucun n'a augmenté la prospérité générale; beaucoup n'ont pas seulement été ridiculement ruineux, ils ont été malhonnêtement conçus et malhonnêtement exécutés. On a fait un pont, un chemin, même un chemin de fer pour plaire à telle ou telle personnalité; on a fait des tracés de fantaisie, des expropriations de terrains dans des intérêts personnels, des adjudications ou des concessions à la faveur et à l'imprudence. Et les contribuables payent pour tout cela des centimes additionnels!

Ce sont surtout les constructions de chemins de fer qui ont donné lieu aux plus nombreux scandales. On a construit des lignes, parce que tel ou tel député les avait promises, tel ou tel candidat les demandait. On a racheté des lignes en faillite parce que des députés étaient intéressés dans des syndicats qui les voulaient vendre à l'Etat. Et comme beaucoup de ces lignes, payées très cher, étaient improductives et eussent coûté à continuer, il a fallu les revendre aux grandes Compagnies en leur payant de concessions et de faveurs onéreuses leur complaisance pour ce rachat.

Il reste cependant le réseau des chemins de fer de l'Etat qui représente, tel qu'il existe, une dépense de un milliard. Ce réseau devrait, pour payer ce qu'il a coûté, rapporter par an, tous frais payés, cinquante millions. Au lieu de cela, il rapportera cette année deux millions soixante mille francs et coûtera, en frais généraux, quarante millions. Voilà la belle opération qu'a faite la majorité républicaine.

Il est vrai qu'elle a créé un grand nombre de places et assuré de fructueux bénéfices à des ingénieurs, architectes ou entrepreneurs.

*
* *

Pour compléter l'exposé des causes de dépenses, il faut parler des expéditions coloniales.

L'expédition de Tunisie a coûté cent millions et le gouvernement du pays conquis, qui ne rapporte rien, dépense quarante millions par an.

L'expédition du Tonkin avec la guerre de Chine a coûté déjà trois cent trente et un millions; quand on aura réparé nos vaisseaux et réapprovisionné les arsenaux en armes et munitions, elle aura coûté plus de sept cents millions. Et la guerre continue là-bas, et avec la guerre les dépenses, qui s'arrêteront on ne sait où et on ne sait quand.

Et la République combat aussi et dépense pour le Cambodge.

Et la République a entrepris la conquête de Madagascar qui coûtera bien cent millions au moins.

Ce sera bientôt un milliard qui aura été dépensé pour les entreprises coloniales qui ne rapportent rien.

Voilà l'état exact des dépenses de la majorité républicaine !

VI

Les expéditions coloniales.

Il faut que nous parlions un peu des expéditions coloniales autrement qu'au point de vue financier.

La France avait reçu en 1870, dans une guerre cruelle, de profondes blessures. Elle les avait pansées, elle guérissait; et tous les vrais patriotes désiraient qu'on restât en paix, qu'on reconstituât les forces nationales, mais qu'on les ménageât sagement. Tout le monde voulait que notre armée refaite, nos soldats bien instruits fussent gardés dans le pays, sur le territoire, prêts à le faire respecter, en cas de besoin, par des ennemis qui voudraient l'attaquer de nouveau, mais sans chercher querelle à personne.

La majorité républicaine a eu des projets différents. Elle a pensé qu'une armée devait servir à autre chose, qu'elle était faite pour servir les intérêts personnels de spéculateurs avides et ambitieux. Elle a voulu faire conquérir à cette armée des pays lointains pour organiser dans ces pays des entreprises financières lucratives.

C'est à la Tunisie qu'on s'est d'abord attaqué, en inventant les Kroumirs. Quarante mille hommes ont été envoyés alors sous un climat torride, où ils ont dû faire pendant deux ans une guerre ingrate, inutile. Beaucoup de nos soldats y ont succombé, des sommes d'argent considérables y ont été dépensées. Pour arriver à quel résultat? Pour permettre à des banquiers de s'enrichir par la conversion de la Dette tunisienne.

Après la Tunisie, est venu le Tonkin. Il s'agissait d'abord de venger le commandant Rivière, et de s'établir avec quelques centaines d'hommes dans le delta du fleuve Rouge. Il y avait aussi à favoriser les impatiences des syndicats formés pour l'exploitation des fameuses pépites. Mais bientôt l'affaire a pris d'autres proportions. On est allé chercher querelle à la Chine; on lui a fait la guerre et on n'a pas voulu l'avouer. En cachant la vérité au pays, on envoyait tous les jours de nouveaux hommes et de nouvelles sommes d'argent. Les hommes mouraient horriblement mutilés par leurs sauvages ennemis ou terrassés par des maladies inconnues en Europe.

Et cette guerre qu'on voulait dissimuler au pays était aussi mal conduite au point de vue diplomatique qu'au point de vue militaire.

On n'osait pas signer un traité de paix, puisqu'on n'avouait pas qu'on était en guerre. Et plus on attendait (on a attendu trois ans), moins bonnes étaient les conditions qu'on pouvait obtenir. Les diplomates chinois, des barbares, se montraient plus habiles que les représentants du pays le plus civilisé du monde, les trompaient, si bien qu'ils les ont amenés à signer enfin ce traité qui ne nous accorde aucun avantage réel et ne nous rend rien de ce qui a été dépensé.

Toute l'Europe et toute l'Asie se sont moquées de nos hommes politiques. Le prestige de la France en Orient est ébranlé; son influence, dix fois séculaire, est presque détruite!

Et pour la conduite de la guerre? Tout en désorganisant l'armée en France, on ne voulait pas faire une campagne énergique. On n'écoutait pas les militaires qui conseillaient, pour en finir, soit d'abandonner une entreprise inutile, soit d'envoyer de suite un nombre d'hommes suffisant pour la terminer vite. C'est quelques milliers d'hommes qu'on faisait partir à la fois, et, quand ils étaiens morts ou malades, on en faisait partir d'autres, livrés d'avance au même sort.

Le gouvernement eut la chance d'avoir là-bas un grand homme de guerre et un grand patriote, l'amiral Courbet. Il refusa de suivre ses avis, il ne lui laissa pas diriger la guerre; quand il se chargeait de tout finir avec deux mille hommes de plus, on les lui refusa. Et abreuvé d'amertume, plein de dégoût, malade plus encore dans son patriotisme que dans sa santé, l'amiral Courbet est mort en pleurant sur la France. Et nos soldats ont succombé en masse dans de désastreuses campagnes où ils faisaient d'héroïques efforts, des prodiges de valeur toujours rendus inutiles par la stupidité du gouvernement.

*
* *

Et nous n'en avons pas fini. Ce n'est qu'un semblant de paix qu'on a fait avec la Chine, et on continue à se battre au Tonkin. On se bat encore au Cambodge, où quelques centaines de nos soldats étaient naguère livrés aux attaques de milliers de révoltés. On se bat dans l'Annam, on veut non pas le conquérir, mais l'organiser, c'est-à-dire y envoyer des fonctionnaires qu'on payera largement, perm ttre à des sociétés de se constituer pour exploiter des mines, faire des routes ou des chemins de fer; et il faut que des soldats protègent les spéculateurs.

Aujourd'hui, plus de dix mille hommes sont

morts; et on en envoie de nouveaux; et ceux qui sont là-bas risquent bien de ne pas revenir. On les massacre dans les batailles, dans les révoltes; toutes les maladies les accablent, et le choléra qui a éclaté là-bas les décime d'une épouvantable façon.

Ce n'est plus seulement de l'argent dépensé qu'il faut demander compte à la majorité républicaine, c'est du sang répandu, c'est de nos enfants morts.

La majorité porte gaiement sa responsabilité : elle prétend même continuer sa politique coloniale si néfaste et si ruineuse, et dans les derniers jours d'existence de la Chambre, elle a voté une nouvelle guerre à Madagascar. Là, comme au Tonkin, on enverra des troupes et de l'argent jusqu'à ce que le pays dise qu'il en assez de ce système et des hommes qui l'appliquent.

Il doit dire qu'il en a assez, le pays, car il n'a rien à gagner ni en honneur ni en profit à ces expéditions. Tandis que ses forces s'y épuisent, que son armée se désorganise et que ses soldats succombent, il n'a rien à espérer pour le développement du commerce ni de l'industrie.

La Tunisie ne rapporte rien. Le Tonkin ne rapportera rien. Madagascar ne rapportera rien. Il faudra y maintenir des armées, y envoyer de l'argent pour ne rien recueillir, car des colonies ne s'improvisent pas, et il faut savoir où l'on va avant d'en aller conquérir en aveugle n'importe où, n'importe comment.

Passion des aventures, imprévoyance politique, sottise diplomatique, gaspillage financier, prodigalité du sang et de la vie des hommes, voilà ce qu'il y a eu dans ces entreprises coloniales, qui n'ont été faites ainsi à la honte de la France que pour favoriser les spéculations financières inavouables de quelques individus.

VII

Les programmes et les promesses. — L'agriculture.

Depuis quelques années, tout le monde a été obligé de l'avouer, les souffrances de l'agriculture ont augmenté jusqu'à devenir une calamité nationale et à arrêter complètement la prospérité du pays.

Les députés que les électeurs ont nommés avaient promis de donner toute leur sollicitude aux intérêts de l'agriculture, aux besoins des habitants des campagnes. Voyons s'ils ont tenu leurs promesses; s'ils ont fait et s'ils pouvaient faire quelque chose pour prévenir ou empêcher la crise.

Il est incontestable, d'abord, que c'est depuis quatre ans que la crise a pris toute son intensité. On peut juger de la gravité du mal en voyant partout la diminution des prix de vente des terres, la diminution des prix de fermage, la diminution des prix de vente des produits agricoles, la diminution de l'aisance de la vie pour les cultivateurs, la diminution du travail pour les ouvriers et la dépopulation des campagnes. Chacun a fait ces douloureuses constatations.

Recherchons maintenant les causes de la crise.

Si l'agriculture souffre, si elle ne peut se développer, si elle a peine à vivre, c'est, en premier lieu, à cause des charges écrasantes qui pèsent sur elle du fait des impôts, qui sont très inégalement répartis.

L'agriculture représente en richesse, évaluée par l'administration, quatre-vingt-onze milliards devant produire deux milliards six cent quarante-cinq millions de revenu annuel, mais produisant beaucoup moins depuis quatre ans. L'agriculture paye chaque année au Trésor, en impôts directs, c'est-à-dire contribution foncière et personnelle, centimes additionnels, prestations, droits d'enregistrement, de mutations et d'actes divers, etc., sept cent six millions, ce qui fait 26 0/0 de son revenu. Elle paye en outre sa part dans les impôts indirects, c'est-à-dire pour le vin, le sel, le sucre, le tabac, les postes, les transports, ce qui lui enlève non plus 26 0/0, mais 44 0/0 de son revenu. Il faut encore qu'elle supporte en partie les droits de douane, les octrois, les taxes locales des villes où elle va vendre ses produits, et on arrive ainsi à constater qu'elle donne au Trésor 50 0/0 de son revenu — plus même, s'il fallait compter sur le revenu diminué des dernières annnées.

Ainsi donc l'agriculteur paye chaque année au Trésor plus de la moitié de ce qu'il gagne, le double au moins de ce que payent le propriétaire des villes, le commerçant, l'industriel, l'employé, l'ouvrier. Est-ce qu'il ne devrait pas s'imposer au législateur de reviser l'assiette de l'impôt, de faire cesser une inégalité aussi choquante, en dégrevant l'agriculture? Ces dégrèvements, ne les avait-on pas promis? Lesquels a-t-on fait, lesquels pouvait-on faire quand on gaspille tant de millions, quand on est obligé de chercher des ressources partout? Au contraire, ce sont les impôts qui pèsent sur l'agriculture qui ont été le plus augmentés, par les centimes additionnels communaux et départementaux qu'on est obligé de créer tous les jours, pour les chemins de fer, qui souvent ne lui servent pas, les maisons d'écoles, dont elle pouvait se passer, etc... Il y aura bientôt quarante-cinq centimes de plus ajoutés aux budgets communaux, c'est-à-dire payés par l'agriculture. Voilà comment on lui donne des dégrèvements et les secours qu'on lui avait promis.

*
* *

Voici donc l'agriculture obligée de donner moitié de ce que produit la terre à l'Etat; il faut ensuite qu'elle paye ses dépenses de culture, ses fermages, ses semences. Que peut-il lui rester pour vivre? Il faudrait, si on veut et si on ne peut la dégrever, qu'elle eût la possibilité de vendre ses produits à des prix rémunérateurs. Et pour cela d'abord il serait nécessaire qu'il y eût dans tout le pays un état de prospérité facilitant les transactions, et nous savons que cet état de transaction n'existe point. Il y aurait besoin ensuite, et besoin absolu, que l'agriculture fût protégée comme l'est l'industrie contre la concurrence étrangère qui la tue et qui est favorisée, encouragée par notre législation. Car ce n'est point, remarquons-le bien, la faveur, la protection véritable que réclame notre agriculture; elle ne demande que l'égalité. Elle supplie depuis des années le gouvernement de lui donner seulement la possibilité de lutter. En effet, des produits étrangers qui arrivent de pays où il n'y a pas ou presque pas d'impôts, ne payant aucun droit d'entrée en France, sont transportés sur notre territoire à meilleur compte que nos propres produits et peuvent se vendre sur nos marchés sans avoir subi aucune charge, à des prix ridiculement bas. Au contraire, le produit français, qui a payé au Trésor une somme exorbitante, ne peut plus, grâce à cette concurrence ruineuse, se vendre au-dessous de sa valeur. Ce n'est pas là une affirmation hasardée. Regardez ce qui se passe et quel est le résultat général de la crise. Le blé, les céréales, les farines se vendent assurément moins cher qu'elles ne coûtent; les prix baissent tous les jours et la misère augmente quand même les récoltes sont très belles. Les bestiaux se vendent aussi mal que les grains ; aussi notre élevage diminue et avec lui diminue la richesse générale des campagnes et la fécondité du sol que les engrais favorisent.

L'agriculteur semble donc condamné à la ruine. Plus il produit, plus il perd et la conséquence est qu'il faut, pour les gros cultivateurs, abandonner leurs exploitations, pour les petits ou quitter la campagne, ou végéter et presque mourir de faim sur leurs terres.

*
* *

Qu'auraient pu faire les députés de la majorité pour porter remède à cette situation? Ne conclure avec les pays étrangers que des traités de commerce sauvegardant les droits de l'agriculture, au moins dans la mesure où ils sauvegardent ceux de l'industrie. On a refait la plupart des traités de commerce, il y a trois ans, et on n'y a inséré aucune clause favorable à l'agriculture, on a maintenu aux étrangers toutes les faveurs dont ils jouissaient.

Que pouvait-on faire au moins à défaut de cela?

Établir des droits de douane compensateurs sur les produits qu'on reste libre de frapper malgré les traités, c'est-à-dire sur les grains, les farines, les bestiaux. Que demandait à ce point de vue l'agriculture? Oh! bien peu de chose. Les sociétés agricoles avaient calculé ce que coûte au producteur un hectolitre de blé, un sac de farine, un bœuf ou un mouton rendu sur un marché français, et elles priaient les députés de frapper les produits étrangers similaires d'un droit ne leur permettant d'arriver qu'exactement au même prix sur les mêmes marchés. Elles voulaient voir établir simplement l'égalité dans la concurrence.

Qu'ont fait les députés? Ils ont dû, en présence de réclamations impérieuses, se préoccuper de la situation, délibérer, bien malgré eux, sur les propositions qui leur étaient faites, et ils ont fini — à l'approche des élections — par accorder la moitié à peine de ce qu'on leur demandait, par établir des droits ridiculement insuffisants, tels par exemple que le droit de trois francs sur le blé.

Et ils vont dire qu'ils ont protégé l'agriculture! Eh bien, il faut leur répondre qu'ils n'ont pas le droit de dire cela. Ce qu'ils ont fait n'est rien. Ils devaient établir des droits suffisants et employer en outre la somme que ces droits produiraient à diminuer les charges des agriculteurs. Ils n'ont pas fait cela, et ils n'ont rien changé à la situation.

De fait, voyez ce qu'elle est aujourd'hui, la situation. Les nouvelles lois votées sont appliquées; la récolte des céréales a été belle en beaucoup de régions. Le blé se vend-il plus cher que l'année dernière? Les souffrances des agriculteurs ont-elles diminué? Ne sont-elles pas, au contraire, les mêmes, et même n'augmentent-elles pas? Il en sera ainsi, on peut en être sûr, tant que le même régime politique et économique restera, tant que les mêmes hommes seront au pouvoir, augmentant les dépenses publiques, gaspillant l'argent de la France, aggravant chaque jour les charges qui pèsent sur les contribuables.

Aucune, aucune des promesses faites aux agriculteurs n'a été tenue et ne peut être tenue par ces hommes-là !

VIII

Les programmes et les promesses. Les ouvriers.

Certains députés prétendent avoir travaillé dans l'intérêt des agriculteurs; ils disent qu'ils ont voulu établir la *République des paysans ;* d'autres ont témoigné bruyamment de beaucoup de sollicitude pour les ouvriers dont ils recherchaient et sollicitaient plus directement les suffrages. Nous avons vu qu'en réalité on n'avait rien fait pour l'agriculture après lui avoir beaucoup promis. Voyons ce qu'on a fait pour les ouvriers auxquels on avait annoncé monts et merveilles.

S'il y a une crise agricole qui a livré les paysans à la misère et menacé le pays de la ruine, il y a une crise industrielle et commerciale non moins aiguë. L'une et l'autre tiennent d'ailleurs aux mêmes causes, c'est-à-dire, en premier lieu, à la mauvaise gestion financière, à la détestable situation politique qui ont tué la prospérité. Le commerce, l'industrie ont souffert et souffrent comme l'agriculture, bien qu'à un degré un peu moindre, de l'augmentation des impôts, de la diminution du crédit public, du défaut de confiance des étrangers et même des nationaux dans le gouvernement. De tout cela résulte un état de gêne pour les transactions.

Il y a aussi une situation défavorable résultant pour notre commerce et notre industrie du développement des industries étrangères. Celles-ci, favorisées chez elles par des gouvernements sages et habiles et un état économique satisfaisant, qui permet des prix de fabrication inférieurs, ont pu, sur presque tous les marchés, faire une concurrence heureuse aux nôtres. Aussi nos exportations ont diminué dans des proportions considérables, et il devait en résulter certainement un arrêt dans la production, une perte pour le travail national.

Enfin, ce dont l'industrie et le commerce souffrent le plus, c'est des souffrances de l'agriculture. L'agriculture, c'est la richesse de la France. Quand elle prospère, propriétaires, cultivateurs, ouvriers ruraux, qui font non seulement la majorité des producteurs, mais la majorité des consommateurs, ont de l'argent et le dépensent facilement en travaux et en achats qui vont directement faire prospérer le commerce et l'industrie. Quand c'est le contraire, les achats, les commandes, les travaux s'arrêtent, la consommation de tous objets est réduite au strict nécessaire, la crise commence pour le commerce et l'industrie.

Lorsque toutes les causes sont réunies, comme actuellement, les souffrances s'aggravent d'une façon inquiétante, la crise devient terrible. Les petits commerçants commencent à en ressentir les effets; les magasins se ferment, les faillites éclatent; les grandes maisons de commerce, les grandes usines, à leur tour, sont atteintes; elles réduisent d'abord le nombre de leurs ouvriers, baissent les salaires, sont souvent obligées, un peu plus tard, de fermer leurs portes et ne peuvent pas même, parfois, éviter la faillite. Comptez aujourd'hui, non pas seulement les faillites si nombreuses des petits commerçants, mais celles des grandes usines et des sociétés importantes.

Viennent alors de tout cela les souffrances des ouvriers. Les travailleurs des campagnes et même beaucoup de cultivateurs ont dû quitter le village pour aller chercher meilleure fortune dans les villes ou dans les usines. Ils ont trouvé d'abord un peu de travail, puis, quand la crise s'est étendue, leur nombre étant trop grand, on a commencé par diminuer leur salaire; un peu plus tard, on en a congé lié une grande quantité. Aujourd'hui le nombre des ouvriers sans travail est énorme; ils sont sur le pavé des villes ou sur les routes des campagnes, tous atteints de ce mal hideux, le chômage, qui amène les privations, les maladies, la faim pour la femme et les enfants, la misère affreuse. Ils cherchent en vain le remède au mal et ils se tournent vers le gouvernement en le lui demandant.

*
* *

Qu'a fait le Gouvernement? Qu'ont fait les députés de la majorité qui protestaient, pour être nommés, de leur sollicitude pour les intérêts des ouvriers, qui prétendaient faire cesser le chômage et la misère? Ils résumaient toutes leurs promesses dans ces mots : Amélioration du sort des travailleurs. Le sort des travailleurs s'est terriblement aggravé depuis quatre ans. Voilà un premier fait incontestable qui répond brutalement.

Aurait-on pu faire quelque chose pour empêcher cela? Certainement. Sans examiner les solutions théoriques proposées souvent par des candidats ou même développées devant les Chambres par des hommes qui savent bien qu'elles sont impossibles à réaliser dans la pratique. Il est certain que si nos législateurs avaient sagement administré les affaires, géré prudemment les finances, allégé les charges écrasantes qui entravent le commerce, ruinent l'industrie, arrêtent la prospérité, ils auraient empêché la crise d'éclater ou auraient pu l'arrêter avant qu'elle n'eût atteint son terrible développement.

Qu'ont donc fait les députés de la majorité?

Ils disent bien haut qu'ils ont voté une loi en faveur des associations ouvrières. Mais cette loi — fût-elle excellente en elle-même — ne change rien à la situation. Qu'importe aux ouvriers de souffrir isolément ou de pouvoir s'associer pour mourir de faim!

Mais la majorité a fait autre chose encore, quand elle a été pressée de sollicitations, menacée de revendications, et elle a cru se débarrasser pour longtemps des plaintes des ouvriers : elle a nommé une commission pour faire une enquête sur la situation des ouvriers et de l'industrie. Cette commission, composée de 44 membres, a travaillé pendant trois ans. Elle a travaillé à quoi? A noircir du papier, à entendre les dépositions d'ouvriers, de commerçants, de patrons, de membres de chambres syndicales, à les interroger, à converser avec eux pendant des heures. Quand elle a eu entendu toutes les dépositions qu'elle a voulu, à Paris, elle a envoyé des questionnaires en province, demandant des réponses. Elle a expédié pour cela, — le calcul en a été fait, — quarante mille kilogrammes de papier. Si tous ceux auxquels elle a posé des questions lui ont envoyé des réponses, elle en a reçu cent trente millions, et à supposer les membres de la fameuse commission très laborieux, il leur faudrait seulement quarante ans pour lire toutes ces réponses. Aussi, croyez bien que s'ils les ont reçues, ils ne les ont pas lues.

Ils ont pris parfois un autre système : ils se sont délégués pour aller visiter certains pays manufacturiers, certaines usines; trois ou quatre ensemble, ils ont fait un voyage excellent et gratuit, ont été invités à plusieurs banquets, ont prononcé des discours, porté des toasts, fait des conférences et sont revenus convaincus qu'ils avaient beaucoup fait pour l'amélioration du sort des travailleurs.

La commission a dû — comme la session de la Chambre finissait — terminer son travail et elle a chargé M. Spuller de faire un rapport. Ce rapport est très savant, très sérieux, très complet. Il sera fort utile aux députés et aux électeurs, car il leur apprend... *qu'il y a une crise.* Vraiment, fallait-il quarante-quatre députés travaillant pendant trois ans pour découvrir cela?

Quant à proposer des remèdes au mal, quant à indiquer le moyen de faire cesser le chômage et la misère dont souffrent les ouvriers, le rapport s'en garde bien. Il lui aurait fallu pour cela reconnaître que le mal était dû en grande partie au système politique suivi par la majorité républicaine, et qu'il ne pourrait disparaître qu'avec ce système et avec la majorité elle-même qui l'a inventé et appliqué.

Mais les ouvriers savent maintenant, nous l'espérons, à quoi s'en tenir, et ils sauront appliquer eux-mêmes ce remède énergique, sans se mettre de nouveau dans les mains des empiriques qui les ont toujours trompés et les tromperont toujours.

CONCLUSION

Ce qui a été fait. — Ce qu'il faut faire.

Nous avons recherché, en analysant très sommairement, mais très loyalement, des documents officiels, comment les députés de la dernière Chambre, constituant la majorité républicaine, avaient été nommés, ce qu'ils avaient promis aux électeurs, ce qu'ils avaient fait pour eux et pour la France.

A quelles conditions sommes-nous arrivés?

Les députés de la majorité avaient promis de s'occuper des intérêts de tous. Ils ne se sont occupés que de leurs propres affaires, avec un cynisme éhonté et une scandaleuse avidité.

Ils avaient annoncé l'union et la concorde entre les citoyens. Et ils ont soulevé les discussions, les querelles religieuses qui ont troublé profondément le pays, jeté dans les esprits des germes de division qui peuvent produire de longs et terribles conflits.

Ils avaient promis l'ordre, l'économie, le gouvernement à bon marché, les réformes utiles. Et ils ont mis le désordre dans les administrations, gaspillé l'argent du Trésor, augmenté les charges des contribuables, endetté la France, préparé pour l'avenir des crises plus épouvantables que celle qui existe actuellement, et qui aboutiront peut-être à la honteuse banqueroute.

Non seulement ils ont dépensé tout l'argent disponible, mais ils ont fait des dettes qui dépassent cinq milliards, ils ont augmenté les dépenses annuelles de onze cents millions, si bien qu'il faudra, si on continue à appliquer leur système, faire, l'année prochaine, un emprunt de deux milliards et aggraver encore les impôts de deux cents millions au moins. Ils ont endetté les départements et les communes, tout comme l'Etat, par leurs travaux inconsidérés. Aucune de leurs *réformes* n'a été sage ni utile; toutes ont été imprudentes et ruineuses.

Ils avaient promis la paix. Et ils ont engagé la France dans les guerres coloniales lointaines, dangereuses, où l'argent a fondu, où l'honneur a été compromis, où le sang a trop abandamment coulé. Et ces guerres ne sont point finies, elles continueront encore, si on n'y met ordre, à dévorer nos ressources et nos enfants sans aucun profit que pour des aventuriers et des spéculateurs.

Ils avaient promis secours à l'agriculture. Et l'agriculture est ruinée; les travailleurs des campagnes luttent en vain contre la misère; la concurrence étrangère les écrase, l'impôt les ruine et ils dépensent inutilement leurs forces et leurs sueurs sans pouvoir trouver la rémunération légitime de leurs peines, sans pouvoir nourrir leurs enfants.

Ils avaient promis le développement du commerce et de l'industrie, l'amélioration du sort des travailleurs. Et la crise industrielle, grâce à leur négligence, à leur détestable administration, est devenue terrible. Les ateliers se ferment, le chômage livre à la faim des milliers d'ouvriers qui poussent en vain des cris de douleur. Après la population agricole, c'est la population industrielle qui est condamnée à la misère. C'est la France entière dans ses forces vives, dans tous ses membres, qui est atteinte et qui languit.

Comment la majorité républicaine a-t-elle pu obtenir ces lamentables résultats? C'est, il faut le dire, par la complaisance ou la faiblesse des électeurs. Les électeurs ont nommé les députés, mais ils peuvent leur demander compte de ce qu'ils ont fait, les juger et voir, — car ils sont les maîtres, — s'ils doivent leur continuer leur confiance.

Le compte est fait. C'est le déficit, la souffrance, la misère.

Le jugement va être prononcé, au jour prochain des élections. Il faut que ce soit un jugement de sévère condamnation pour tous ceux qui ont fait partie de la majorité et portent ainsi la responsabilité de ce qu'elle a accompli.

*
* *

Et maintenant, un dernier mot. Les électeurs doivent retirer leur confiance à la plupart de leurs représentants. A la place de ces mandataires indignes, qui leur faudra-t-il choisir?

Ils auront à donner, en quelque sorte, un mandat impératif, c'est-à-dire à ne nommer que des hommes qui s'engageront formellement à combattre et à détruire le régime du gaspillage financier, à réduire les dépenses des traitements et des ministères, à arrêter les travaux ruineux, à réaliser à toute force des économies, à faire cesser immédiatement les guerres coloniales, à éviter à la fois les emprunts et les impôts nouveaux.

C'est bien simple.

Et pour être sûrs que les promesses seront tenues, ls devront, avant tout, ne donner leur confiance qu'à des hommes honnêtes, ils savent bien les reconnaître, à des hommes dont l'honorabilité personnelle incontestable garantisse qu'une fois nommés députés, ils ne s'occuperont pas de leurs affaires personnelles, de tripotages honteux, des intérêts de leurs parents et de leurs amis.

Le moment est solennel. Il est nécessaire que les électeurs sachent bien, à l'avance, qu'ils tiennent maintenant en leurs mains leurs destinées et celles de la France. Tous les intérêts sont engagés, et en même temps toutes les responsabilités sont en jeu. Les leçons du passé ont été rudes, les enseignements du présent sont saisissants. Nul n'a le droit de se désintéresser de la lutte, de se récuser pour le jugement, de s'abstenir lors du vote. Nul n'aura d'excuse à invoquer s'il ne fait pas son devoir. Nul n'aura à se plaindre s'il se laisse tromper.

Que les élections du 4 octobre prochain soient faites avec sagesse et patriotisme, qu'elles condamnent la politique suivie depuis huit ans, qu'elles confient le pouvoir à des hommes nouveaux et honnêtes, et elles peuvent amener le retour de la prospérité, le salut de la patrie.

Que ces mêmes élections renvoient siéger dans la Chambre prochaine les mêmes hommes, non seulement amnistiés de leurs fautes passées, mais encouragés à en commettre de nouvelles, ce sera certainement l'aggravation des souffrances, l'accroissement de la misère, de nouvelles guerres et de nouvelles dettes, enfin, la ruine de la France.

A. D.

Septembre 1885.

Paris. — Imp. P. Faivre, 13, quai Voltaire. — 69132.

PRIX DE CETTE BROCHURE :

Un exemplaire	» 10 centimes.
Le cent	7 fr. 50
Le mille	60 francs.

PARIS. — IMP. P. FAIVRE, 13, QUAI VOLTAIRE. — 60132.

www.ingramcontent.com/pod-product-compliance
Ingram Content Group UK Ltd.
Pitfield, Milton Keynes, MK11 3LW, UK
UKHW021118230726
13926UKWH00002B/544